Phill Rivera

El Hablar De Mi Alma

AF548830

Phill Rivera

El Hablar De Mi Alma

Parte 1

JustFiction Edition

Imprint

Any brand names and product names mentioned in this book are subject to trademark, brand or patent protection and are trademarks or registered trademarks of their respective holders. The use of brand names, product names, common names, trade names, product descriptions etc. even without a particular marking in this work is in no way to be construed to mean that such names may be regarded as unrestricted in respect of trademark and brand protection legislation and could thus be used by anyone.

Cover image: www.ingimage.com

Publisher:
JustFiction! Edition
is a trademark of
Dodo Books Indian Ocean Ltd., member of the OmniScriptum S.R.L Publishing group
str. A.Russo 15, of. 61, Chisinau-2068, Republic of Moldova Europe
Printed at: see last page
ISBN: 978-620-3-57764-8

Copyright © Phill Rivera
Copyright © 2021 Dodo Books Indian Ocean Ltd., member of the OmniScriptum S.R.L Publishing group

EL HABLAR DE MI ALMA

EL HABLAR DE MI ALMA

Poeta Panda

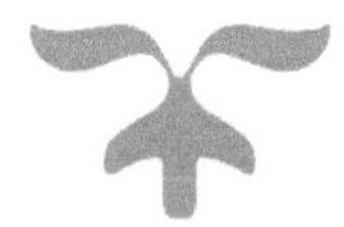

[FECHA]

3107666382
Phillr18@gmail.com

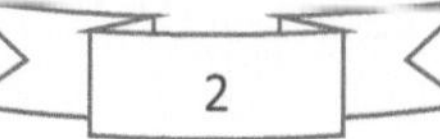

TABLA DE CONTENIDO

Contenido

INTRODUCCION

Este libro es solo un relato de mi alma de cada relato que quiere decir, exponer y en más de un verso plasmar, sentimientos encontrados en muchos casos, cada una inspirada en una persona especial, que con dolor llevo en mi alma y corazón, y que pase lo que pase no olvidare jamás, por que como ella nadien más, aunque solo sea la primera parte, ay más de lo que ven y de lo que se expresa, pues el alma no vibra con cualquiera... Poeta Panda

LA VOZ DE MI CORAZON

Hoy quiero plasmar una poesía en un libro,

Hoy te quiero plasmar a ti en un folder,

No soy yo quien va a hablar,

Va a hacer mi corazón,

¡Mas que mi corazón!,

Es tu corazón,

¡Es el!,

Quien suspira por ti,

¡Es el!,

Quien late tan desmembrada mente,

Como una moto a toda velocidad,

Que no para,

No frena

¡No conoce miedo ni límite de velocidad!,

¡No le teme a la muerte!,

Y mas si muere por amor,

¡Somos nosotros!,

Quien no deja de pensar en ti,

En dejar de sentir sensaciones,

¡Somos nosotros!,

Estar a tu lado,

Sin importar la distancia,

Sin importar los problemas,

¡lo único que importa!,

Eres tú,

Tus pensamientos

Tus sentimientos,

Lo que siente tu corazón,

Junto con lo que siente el mío,

Lo que hacen que los dos,

Sean uno solo…

…solo tu corazón y el mío,

Solo ellos entregando sen con locura,

Entendiendo sen mutuamente,

Sin palabras,

¡Sin necesidad de pronunciar un solo ruido,

Tan solo,

Con la mirada...

CON TIGO

¡Huyamos juntos!,

Ps con la única mujer que quiero huir,

Es solo con Tigo,

¡Adonde tú quieras!,

El lugar o sitio no me importa,

Es lo de menos,

A donde tú quieras,

Por qué a tu lado voy a donde sea,

Hasta donde tú me lleves,

Así sea,

¡al mismo infierno!,

Y es que a tú lado todo es el cielo...

...No me imagino con nadie más,

Solo con tigo,

Mi corazón,

¡Es solo tuyo!

Tu tienes la llave de él,

Para entrar y salir,

Cuando tú lo desees,

Y, aun así,

¡solo déjame llevarte!

A un mundo donde solo sea tu y yo,

Donde estemos solo los dos,

¡Con el calor que ya yace dentro nosotros!,

Que se unen,

para ser uno solo,

¡déjame llevarte al país de nunca jamás!...

...Allí donde pueda servirte,

Donde te pueda hacer feliz,

Donde nadien te lastime,

¡Allí donde solo exista para ti!,

Dentro de este inmenso libro de fantasías,

Donde tú eres la más hermosa,

Donde no te comparas,

Ni con la más minima pisca de mármol azul,

¡Que mi amor es tan grande!,

Que no existe palabra alguna,

¡Por que al igual que el mar!,

No tiene ni principio,

Ni final...

MY LIMBO

¡Mas que vuestra hermosura!,

No conozco,

Ni en este mundo,

Ni en otro,

¡Con vuestra divinidad!

Por qué vos,

Sos la perfección,

Entre todas,

La más hermosa,

¡Y a voz imploro mi Leydy!,

¡Que me permitas perderme!,

En la claridad de tus ojos,

En esos hermosos diamantes,

En tu cuerpo,

En tu mente,

En tu corazón,

Perderme por completo en ti...

... En el limbo de tu recuerdo,

De tu pelo,

En el tacto de tus manos,

En tu olor,

¡Porque con tigo!,

Nada se compara,

Eres aquella poesía indescifrable,

¡El mismo vicio insaciable!,

Ps con tigo quiero quedar en el bucle,

De un amor eterno...

SINCERIDAD

¡Para ser sincero!,

Creo que nunca tendría el valor,

El corazón,

Para mirar a alguien más,

Con los mismos ojos que te miro a ti,

Solo tu eres mi mundo,

Mi universo...

...Porque cuando yo no estaba buscando nada en absoluto,

Cuando te conocí,

A decir verdad,

No pensaba en enamorarme,

¡Hasta que apareciste!

Y eso fue todo...

...Supongo,

Que las cosas solo sucedieron,

Te encontré,

Y me encontré,

¡Era sencillo!,

Fácil,

Y creo que así es como empezó todo...

...Amor mío,

¡Tu!,

¡Tú que eres esa persona especial!,

Ese que llaman,

Amor verdadero...

ME GUSTAS

¡Te amo!

Amo quién eres,

Amo la persona que me ha enseñado de ti,

Conozco mucho de ti,

Con el tiempo conoceré más de ti,

Y nunca me cansare de conocerte,

De investigarte,

¡De admirarte!,

Y el hecho de que este a mi lado,

Ya es mucho,

Pues me gusta que estés conmigo,

Me gusta la persona que eres,

Me gusta que me gustes,

Me gusta amarte,

¡Me gusta ser perfecto para ti!

Y que tu lo seas para mi...

ENAMORATE

¡Enamórate!

No tengas miedo,

No es malo enamorarte,

Pues de lo bueno y lo malo,

se aprende,

Es una etapa,

¡De eso se compone la vida!

De esos pequeños fragmentos,

¡Pero enamórate!,

De quien te dedique canciones,

Te mande regalos sin ningún motivo,

Te llame solo para saber cómo estás,

¡Enamórate!,

De quien haga lo imposible,

Para verte sonreír,

Te consienta,

Te presuma con todos,

Se acuerde de ti en todo momento,

Se acuerde de las fechas,

¡Sobre todo!,

Enamórate de alguien,

¡Que en verdad te amé!,

De quien te de algo tan preciado...

...Como su tiempo,

Su alma y corazón,

Pues es lo único,

Que Nunca regresara...

MY MAYOR DESEO

¡Mi mayor deseo!,

¡Es que logremos cumplir nuestras metas,

Nuestros sueños,

¡Nuestros objetivos!,

¡Pero!,

Sobre todo,

nuestras promesas,

Esas que nos emos hecho,

Nos emos dicho a la cara…

…La promesa de jamás separarnos,

De luchar contra todo,

¡De estar siempre unidos!,

Como uno solo,

¡En las buenas y malas!,

Sin importar lo que venga,

Que lleguemos hacer muy felices,

De lograr,

¡Todo lo que planeamos juntos!,

Para luego,

Contárselas a nuestros hijos,

A nuestros nietos,

Una historia...

... Jamás contada...

NO PIDO NADA MAS

No te pido que seas la mujer perfecta,

que jamás cometas errores,

Me basta con saber,

¡Que tu amor es sincero y puro!,

para darme cuenta,

¡Que lo imperfecto!,

Muchas veces,

Es mejor que lo perfecto.

TE AMO

Te amo desde los pies,

Hasta la última estría y arruga,

Que vaya apareciendo en tu cuerpo,

Jamás sentiré pena por tus defectos,

y nunca te juzgaré por tu pasado,

Te amare todos los días,

Aun cuando no estés aquí,

Aun en tu ausencia,

No dejare de amarte,

¡Incluso!,

En aquellos días del mes,

En los que ni tú misma te aguantas...

SOY YO

Soy yo,

¡Aquel loco!

Que amo tu libertad,

quien amo tus ocurrencias,

Tus metas, tus ambiciones,

Tus locuras,

¡Y cada detalle!,

Que te hace "perfecta en todos los sentidos"...

...Nunca querré cambiar nada de ti,

Simplemente...

...Te ayudaré a crecer...

SERE YO

¡Seré yo!,

Quien te de alas,

Quien te las extienda,

¡Quien te de la mano!,

Cuando estés en el suelo,

¡Seré quien te levante!,

Seré el hombro,

Para que llores,

¡Seré yo!

Quien te de calor,

En los días fríos

Quien te apoye incondicionalmente,

Quien este,

Siempre para ti,

...Hasta la última alba...

MI HADA

Hada,

Hada de los vientos,

Del sol,

Del aire,

De todo,

Tu mi reina hada,

Entre todas la más hermosa,

¡A quien os sigue la gloria!,

Y la honra sigilosamente…

…A ti diosa de las hadas,

Os ofrezco mi humilde vida,

Mi sincero corazón,

¡El cual muere por ti!,

Que late como un colibrí,

Buscando ese dulce néctar,

Ese néctar que te llena la vida,

Te endulza el alma,

Te enloquece,

Y simplemente,

Te hace perder,

Para siempre...

LATIDOS

Mis labios desean los tuyos,

¡Que mis oídos ansian!,

Escuchar los latidos,

Los latidos de tu corazón,

Que tranquilizan mis mariposas,

Como un bum bum,

Un tictac, Un sicsac,

Hace que me sienta cómodo...

...Tan cómodo como una nube,

Una de algodón,

La más dulce y hermosa,

¡Que solo los dioses!,

Pueden tener,

Tocar,

Sentir,

Sin pensar en enloquecerse,

de lujuria total...

SOY SOLO TUYO

No soy un genio,

Pero si un hombre con espuela,

Que, en su pecho,

¡Lleva un nombre!

Y es el tuyo,

Que siempre ara lo que sea,

Lo que necesites,

Siempre que tú me lo permitas,

Que me permitas estar ahí,

ser los dos felices.

NO NECESITO DESEO

PS ya tengo todo lo que quiero,

Y es a ti a quien Anhelo,

A quien Pedí todo este tiempo,

PS un corazón tan sincero,

Siempre estará hay de primero…

…Hoy no te veo,

¡Pero te pienso!,

No te siento,

¡Pero aún siento tu calor!,

Aún guardo tus besos,

Tus caricias,

Tus abrazos,

tu forma de hacer el amor

¡Que en mi cuerpo!,

No hay nada más que no sea tuyo,

¡Que él no quiere a nadien más!,

Por qué solo quiere ser tuyo,

Amarte con lujuria,

Y os pido disculpas si ocio a molestar,

No es mi intención,

Solo quiero dejar claro,

que te pertenezco,

¡que soy solo tuyo y de nadien más!,

de tu propiedad.

DISTANCIA

Hoy en pleno invierno,

Tan lejos de mi musa,

Siento que muero,

Me desvanezco en la cruda distancia,

En la oscura soledad,

Me sumerjo en el frio,

En la extrañes de tu recuerdo

Del aroma de tu cuerpo,

La extrañes de un beso,

De esos que calienta tu interior,

Te consume poco a poco,

Te vuelves adicto,

Avivando fuego ardiente,

En tu interior...

...! ¡Aun tan cerca y al mismo tiempo!

Tan lejos,

¡No sé cómo decirte que te extraño,

Que echo de menos esos mensajes,

Esas escapadas,

¡Esas las locas ansias!,

De un abrazo,

Un último abrazo,

El cual me abrigue mi última alba.

MIS SENTIMIENTOS

¡Mis sentimientos!,

Son únicos,

Verdaderos,

No cambian,

No renuncian,

No se acaban,

No se desvanecen,

¡Son puros y cristalinos!,

Claros como el agua,

¡Y lo mejor!,

Son solo míos

Y son para mi...

TE ESCOJO

He renunciado y perdido muchas cosas,

Muchas personas,

¡Pero a ti no te quiero perder!,

Menos renunciar,

Por qué de miles de personas,

Que hay en este mundo,

Te e escogido,

¡Porque eres y serás!,

lo mejor que me ha pasado,

Das color a mi vida,

Un nuevo sentido,

Un nuevo latir,

¡Un latir más fuerte!,

Desenfrenado,

¡Una paz!,

La cual acabo,

Con el dolor,

Con la tristeza…

… El invierno seso,

Apago la tempestad,

Lleno de felicidad mi alma,

Y puso a danzar mi cuerpo…

HILO DEL DESTINO

Hilo de destino,
¿Cuál fuerte eres?
¿Cuál voluble puede ser?
Que ni el frio lo congela,
Ni el filo más cortante del mundo,
Puede separar este vinculo,
Este hilo color purpura,
Que ha pasado por mucho,
Que no se machita,
No se acaba,
No se desvanece,

No se acaba,

¡Y aunque quede en el limbo del tiempo!,

Sin importar como,

Ni cuando....

...Se volverán a encontrar,

Y sin decir nada,

Ni pronunciar palabra alguna,

Se conectará,

Para ser una sola otra vez....

DESTINO O CASUALIDAD

¿Fue destino?;

¿O fue casualidad?,

¡No lo se!,

Solo se,

Que por algo estamos unidos,

Y así será hasta la muerte,

Y después de esta misma,

Pues, aunque nos separemos,

En esta efímera vida,

En la otra vida nos encontraremos,

Por qué a la final todo vuelve.

LACAYO

¡Déjame ser tu lacayo!,

Tu más fiel lacayo,

Quiero servirte hasta la eternidad,

¡Y os digo mi reina!,

Que estoy a tus pies,

Que, si es necesario,

Daría mi vida,

A ti me entregare,

En cuerpo,

Alma y corazón...

...Para que hagas conmigo,

Lo que quieras,

Lo que te plazca,

Por qué solo tú eres mi reina,

Mi dueña,

¡Y así lo será!,

Siempre...

I want morebooks!

Buy your books fast and straightforward online - at one of world's fastest growing online book stores! Environmentally sound due to Print-on-Demand technologies.

Buy your books online at
www.morebooks.shop

¡Compre sus libros rápido y directo en internet, en una de las librerías en línea con mayor crecimiento en el mundo! Producción que protege el medio ambiente a través de las tecnologías de impresión bajo demanda.

Compre sus libros online en
www.morebooks.shop

KS OmniScriptum Publishing
Brivibas gatve 197
LV-1039 Riga, Latvia
Telefax: +371 686 204 55

info@omniscriptum.com
www.omniscriptum.com

Printed by Books on Demand GmbH, Norderstedt / Germany